兩界慧語

士爾 著

行走兩界的智慧語錄

　　大千世界，芸芸眾生，無不行走在兩界之間：天界地界，時界空界；陰界陽界，明界暗界；物界意界，實界虛界；生界死界，靈界肉界；喜界悲界，善界惡界；神界凡界，本界異界。

　　《兩界慧語》直面人類生存困頓，融匯儒、道、釋、希伯來、希臘等文化哲學精髓，貫通人性、天性、神性、佛性、理性、魔性與自然，登文明高山，采兩界薪火，點凡人心燈，築靈魂居所，為人呈現行走兩界的生命智慧。

　　《兩界慧語》多為格言警句，摘編自《兩界書》。

體例說明

1. 兩界慧語按主題意義區分為若干專題，每專題下收錄慧語若干。

2. 兩界慧語均為《兩界書》（臺北：獨立作家出版，2016年10月；北京：商務印書館出版，2017年5月）原文摘錄，且兼顧原著敘事邏輯編排。

3. 每條慧語均注明摘錄出處，並以簡略方式表述，如：《兩界書》卷十教化第三章第六節，簡注為「教3：6」。

4. 《兩界書》十二卷各卷簡稱如下：

   （1）創世：創
   （2）造人：造
   （3）生死：生
   （4）分族：分
   （5）立教：立
   （6）爭戰：爭
   （7）承續：承
   （8）盟約：盟
   （9）工事：工
   （10）教化：教
   （11）命數：命
   （12）問道：問

目錄

一、世界的構成

二、世界的維度

三、萬物衍生

十、勞作與工事

十一、人性之初

十二、道魔相爭

十三、誠信通約

十七、命運否泰

十八、警世烏托邦

十九、喜樂世界

二十、人的修为

二十一、善惡相報

二十二、今生來世

二十五、天道立心　人道安身

二十六、六合花開　合正大道

代序 兩界書：世紀傑作與天才啟示

成中英 教授

　　《兩界書》這本書絕對是一本好書！絕對是一本充滿哲理、發人深思的好書。是作者士爾發表的世紀傑作！

　　作者在他考察中西古今歷史、深思人類未來的境遇中，憬悟了天地創生、生死循環、人神鬥智、族群競爭、文明興滅、善惡對決的緣由及其深厚的律則與命運，並由此啟發了十個對人類存在意義、目的以及價值來龍去脈之問，顯示了《兩界書》命名意義之所在，並借由先知聖者的聲音予以簡短的回示。

　　此書雖然大致呈現了古代希伯來民族的歷史，但卻更深刻地彰明了華夏民族的易道儒三家的智慧，亦即通貫陰陽有無、結合天地人神的兩行合一精神，實現在人的繼善成性的生命中。

　　此書不僅是一本有關東西民族智慧的哲理書，也是一本一流創新的文學精品，作者寫作方式的新穎突出與文字構思的精美簡樸都能自成一體，是縝密思考的結晶，讀之引人入勝而不自覺。可說作者以其才華慧思之盛開闢了人類心靈的化境！

　　從思想價值來說，本書有一個重要的構思，也可以說是啟示：綜合了東西文明的發展史形成了一個含義更為豐富的人類

整體發展的圖像，從天地創生，到族群繁衍分化，經過戰爭融合，生產工具創新與知識發展，倫理教化等重大的文明發展事件，可說人類從原始社會進入到現代世界的整體歷史自覺。這一圖像顯然也帶來了人類發展的美好前景，而此前景的美好更明顯地建築在中國文明與文化所包含的天人合德、萬邦協和、人文教化的實踐模型上面：此一模型正是中國文明的精華與精華所在，體現了儒家親親、仁民、愛物以及與萬物為一體的生命倫理情懷。

總論之，本書作者因而體現了三個思想的維度：綜合人類文明史，文明發展的途徑與方式，以及文明發展的道德內涵。三個維度的合一與統一提供了一個人類命運共同體的堅固基石。

《兩界書》蘊含著豐富的古典文化寶藏，展現了一個豐富的哲學世界與文化生命價值，涉及到對古猶太、古希臘和中國先秦時代的經典認知。作者以生動的文學筆法和超凡脫俗的想像力，對人類文明初開的心靈和自然生命的欲念進行了半寓言與半歷史的陳述，非常明確地透露出人類對世界萬物的求知精神與生命價值的追求激情。因而也讓人的身心陷入到種種存在的界限的概念網路之中，借界限以凸顯價值的理想、生命的境遇，同時也借界限顯示了生命的有限性，生活的曲折性與歷史的詭異性。

《兩界書》這本書蘊含的文化生命智慧，實為人類生命的共同體提供了絕好的借鏡。為了世界的和平、繁榮與發展，

此書值得學界、尤其值得文史哲學問中人，無論中西，進行人類文化價值與歷史智慧走向的省思、研究與挖掘，並以此為出發，更進一步探索人類原始、人類創發的生命過程與人類的未來。這也是中國文化與中國智慧及哲思照亮世界的契機。

我讀了《兩界書》之後，最大的感想：這是超越時代的一本兼文學歷史與哲學的、融匯中西歷史與哲學問題的頂尖著述。此書敘事方式基本是文學的，但具有歷史的深刻含義和哲學的啟示性。對今天不同宗教傳統也有重大含義，尤其對中國走向關懷、改善世界，使得這個世界更美好，走向真正的全球文化與文明，具有積極推動作用。

《兩界書》哲學是劃時代的，是啟發新智的文學作品，同時在哲學方面折射出中國哲學美好的超前性，為世界哲學鋪路，引領更好的未來。

以上所說，是我所看到士爾教授《兩界書》中的兩界論引發的哲學思考。因為這本書本身有哲學的認知、體驗和豐富的對歷史的認識。從士爾教授對兩界的認識，可以說他是文化學家，也可以說他是哲學家，他對文化省思的幅度與深度在近代學者中是少見的，也是在近代出版物中所少見的。

注：該文為成中英教授論述《兩界書》的部分觀點摘編，作為《兩界慧語》代序。成中英（Prof. Chung-Ying Cheng, 1935——）：世界著名哲學家，美國夏威夷大學終身哲學教授，

「第三代新儒家」代表人物之一，國際中國哲學學會（1974）、國際易經學會（1985）、國際儒學聯合會（1993）等國際性學術組織的創立者與首倡者，英文《中國哲學季刊》（1973）的創立者和主編，為中國哲學走向世界做出了劃時代的大貢獻。

引言　行在兩界

- 世有兩界：天界地界，時界空界；陽界陰界，明界暗界；物界意界，實界虛界；生界死界，靈界肉界；喜界悲界，善界惡界；神界凡界，本界異界。（《兩界書》引言）

- 兩界疊疊，依稀對應。（《兩界書》引言）

- 有界無界，化異輔成。（《兩界書》引言）

- 芸芸眾生，魑魅魍魎。（《兩界書》引言）

- 往來遊走，晝夜未停。（《兩界書》引言）

一、世界的構成

1.太初太始，世界虛空

- 太初太始，世界虛空，混沌一片。（創1：1）

- 天雷驟起，天光閃電，混沌立開。（創1：1）

- 混沌開，天道行。（創1：2）

- 萬物充靈，不致死寂。（創1：2）

- 死中生活，寂中生化。（創2：1）

2.上要有天，下要有地

■ 上要有天，下要有地，中間安置萬物。（創1：3）

■ 天至高，長物可伸難抵天際。（創1：3）

■ 地至寬，闊物可置不達地邊。（創1：3）

■ 天高地闊，天虛地實。（創1：4）

■ 高天有浮雲，蒼穹浩瀚，靈道無邊。（創1：4）

■ 大地有高低，山川交錯，孕生萬物。（創1：4）

3.光是太陽，暗是太陰

- 光是太陽，運生白晝。（創2：2）

- 暗是太陰，運生黑夜。（創2：2）

- 太陽太陰交替，白晝黑夜反復。（創2：2）

4.時空交轉，世界成立

■ 天地既形，空維即立。（創3：1）

■ 晝夜交替，時維即成。（創3：1）

■ 天地築空維，晝夜織時維。（創3：1）

■ 空時兩維，縱橫交錯，成世界所憑，萬物所依。（創3：1）

■ 時空交轉，世界成立。（創3：1）

5.天地為骨肉，晝夜為氣血

■ 天地空維，構世界之廣大。（創4：1）

■ 晝夜時維，構世界之深遠。（創4：1）

■ 天地為骨肉，晝夜為氣血。（創4：1）

■ 骨肉氣血相依相存，世界而有生息，成大千生息世界。（創4：1）

■ 天地運轉，日月為朋，星辰相伴。（造1：1）

二、世界的維度

1.兩維之上，實生萬維

■ 天帝之靈，世界之妙，乃立於時空，超於兩維。（創4：1）

■ 時空兩維之上，天帝靈道運行，實生萬維。（創4：1）

■ 時空兩維為基，成萬物憑依。（創4：2）

■ 靈道萬維為本，成世界綱目。（創4：2）

2.本維有道無痕，存於有無之間

■ 意念情悟，思覺幻空，可感而不知，可受而不識，乃世界本維。（創4：2）①

■ 本維有道無痕，存於有無之間。（創4：2）

■ 世維有數無限，乃數數之變，數定本元。（創4：2）

---

① 以意（心意）、念（念思）、情（情欲）、悟（悟覺）、思（思慮）、覺（覺醒）、幻（幻覺）、空（空虛）等等，喻說萬維的構成和表徵，也是人感受萬維的路徑方式。

三、萬物衍生

1.萬物各從其類，各作其為

■ 萬物由類衍生，根須有分而連，枝蔓有連而分。（創3：2）

■ 浩水淼淼，湛湛不竭。（創3：2）

■ 厚土墩墩，有邊無際。（創3：2）

■ 木林森森，枯而再生。（創3：2）

■ 金石碩碩，固散自存。（創3：2）

■ 火爍炎炎，熔化熾息。（創3：2）

■ 萬物各從其類，各作其為。（造1：1）

■ 天塵化育萬千，各按天帝靈道運行，各有人朋演化治理。

（造6：2）

2.無中生有，多少之間

■ 使無成有，使有各一，一成萬有之元。（創3：3）

■ 混沌分天地，由一為二，一分二維，二成萬物成式。（創3：3）

■ 二維相對，合分化生，使二成三，三生異變，三成萬物化因。（創3：3）

■ 無中生有，有後復無。（創4：2）

■ 一生無限，萬維歸一。（創4：2）

■ 少生多，多復少。（創4：2）

■ 多多少，少少多。（創4：2）

■ 多少少多，少多多少，復歸元一。（創4：2）[1]

---

[1] 此處言及有與無、多與少之間的辯證、轉化關係。高僧延壽（904-975年）所集佛學典籍《宗鏡錄》卷四十六有雲：「且單四句者。一有。二無。三亦有亦無。四非有非無。複四句者。一有有有無。二無有無無。三亦有亦無有，亦有亦無無。四非有非無有，非有非無無」也是在談有與無的關係，可資參閱。

四、人的使命

1.造治理者，以便治理世界

■ 天帝決意造治理者，以便治理世界。（造2：1）

■ 所造之人，以四目觀物，可知遠近，可明大小。以四耳聞聲，可穿黑暗，可越牆磊。以兩心行意，可往來世時，逾物越界。（造2：2）①

■ 人可通竅悲喜，悲時會哭，喜時會笑。（造4：2）

■ 悲極亦笑，喜極亦哭。（造4：2）

■ 人與獸畜心力有異，動行有別。（造3：4）

■ 人須別於獸畜，是為天帝定例。（造4：2）

---

① 《兩界書》卷二「造人」講述：最早的人為「初人」，初人不分男女，初人的頭、目、耳、心、腿、手等在數量上都比一般動物多出兩倍，以便治理世界。

（初人圖）

2.大千世界，以人為選

■ 大千世界，萬物眾生，天帝以人為選，不斷培植，增人靈性。（造6：1）

■ 天帝於萬物中以人為選，賦人超凡心力，以治理世界。（造2：2）

■ 天帝造人之工既成，就將世界交人治理。（造6：1）

■ 天帝藉人傳道，好使天帝靈道活盈世界。（造6：2）

■ 人按天帝靈道指引，繁衍生息，起居有序。（生1：1）

3.天帝超然在上，並不袖手旁觀

■ 天帝不盡言盡為，使人發揮治理。（造6：2）

■ 天帝看著為好，即隱去歇息，使人以身載道。（生1：1）

■ 天帝超然在上，專注默視，並不袖手旁觀。（造6：2）

五、人的天命

1.男人與女人

▪ 天帝將初人從中分開，由一為二，一半為男，一半為女。

（造3：1）

▪ 平日男女分處，惟男女復合方成完人。（造3：1）

▪ 男人女人分處，實為整人裂分，故日夜痛苦。（造3：2）

▪ 天帝使人心有苦楚情愛，人心異於獸畜之心。（造3：2）

▪ 男人女人互為骨肉，互補氣血。（造3：2）

▪ 氣通血合者，互視如己，可一見傾心，如膠似漆。（造3：2）

▪ 氣血不合者，會排斥爭鬥，縱體合而心難合。（造3：2）

▪ 氣通血合者，亦為分而復合，故難至一體如初。（造3：2）

▪ 男女分處之人，實為天地中人，非天帝終人。（造3：1）

（中人圖：男與女）

2.道消隱，頑疾出

- 道消隱，頑疾出。（生1：1）

- 人身道欲相疊，卻未得交融。（生1：1）

- 眾人濫行心力，心中無主，自以為大。（生1：2）

- 雙目雖開，然不視頭上有天，腳下有地。（生1：2）

- 心智雖聰，然不識天高無及，地厚幾深。（生1：2）

3.得一進二，得二進三

- 眾人開口不閉，婪得無厭，能食者盡食。（生1：2）

- 始由口婪，進而心貪。（生1：2）

- 得一者進二，得二者進三，能得盡得，欲壑不填。（生1：2）

- 眾人懶於勞作，溺於淫欲，男女交合沒了沒完。（生1：2）

- 善始者常不善終，善終者常不善始。（生3：1）

- 所造之人常以悖逆為習，多以縱欲為性，尤以自大、貪婪、懶惰為頑疾。（生3：1）

4.人皆有命，各自修為

■ 天帝決意為人定命數，使人有生而不得永生，有死不至即
　死。（生3：1）

■ 人皆有命，命皆有數，命數不一，各自修為。（生3：1）

■ 人皆有生，生皆有死，生死有序，命有定數。（生3：1）

■ 人以繁衍而嗣後，致生有所延，代有所續，道有所傳。（生3：1）

■ 天帝為人設命格，使人各有其命，命有法式，各人不致盡
　同。（生3：2）

■ 一人一命數，一人一性情，一人一命格。（生3：2）

■ 命格內蘊氣血，外顯面徵，暗藏指紋，天下眾生縱萬千無
　數，不致雷同。（生3：2）

5.有能而無致，有生而無恆

■ 天帝為人設能限，所造之人，以目觀物，可知遠近，可明大小，然不可盡觀盡知盡明。（生3：3）

■ 以耳聞聲，可穿黑暗，可越牆磊，然不可盡聞盡穿盡越。（生3：3）

■ 以心遊意，可往來時世，可逾空界，然不可盡遊意盡往來盡逾界。（生3：3）

■ 現界中人，有能而無致，有生而無恆。（生3：3）

■ 天帝為人定生途，以靈道為引，肉軀為載。（生3：4）

■ 靈肉相合相通，方可強命力，延命數，順命格，享生樂。（生3：4）

■ 初人之後為中人，中人之後為終人。（生3：3）

6.為生而樂，向死而舞

- 人生在世，匆如來風，死如枯芥。（問3：5）

- 本從黑暗來，復歸黑暗去。（問3：5）

- 生程乃死途，死途通再生。（問3：5）

- 生為死之始，死為生之啟。（問3：5）

- 生彌珍貴，生當樂生。（生3：4）

- 死為歸途，萬眾所同。（生3：4）

- 為生而樂，向死而舞。（生3：4）

六、人的分族

1.各自立族，分處生息

■ 天帝有意決，多人簇擁一處不好，可各自立族，分處生息，繁衍壯大。（分1：1）

■ 七族飄散各地，萬物隨風吹落。（分2：1）

■ 同族宗地失，分族祖地生。（分2：2）

■ 各族靠山食山，依水食水。（分1：2）

■ 食山者須養山，食水者須養水。（分1：2）

■ 不可盡食貪食，方能長食足食。（分1：2）

■ 山水總相依，有者可互通。（分1：2）

2.語因族異，道統不一

■ 語因族異，言因人別。（分9：2）

■ 言語發於心，聲於口，書於符，達於人。（分9：2）

■ 世上各族，道統不一。（問3：6）

■ 有崇黑棄白，有崇紅棄綠。（問3：6）

■ 有朝南聖拜，有朝北祈福。（問3：6）

■ 有尊日為神，有拜月為聖。（問3：6）

3.雅族教規

- 以教立心制魔，以道揚善驅惡。（立17）

- 雅人後代須孝敬父母。（立6：1）

- 雅人後代不可與異族通婚結合。（立6：1）

- 雅人後代不可亂交。（立6：1）

- 雅人後代不可殺人。若外族人先殺雅人則在例外。（立6：1）

- 雅人後代不可偷竊。（立6：1）

- 該你所得可得，非你所得勿得。（立6：1）

4.函人教規

■ 函人子孫須孝敬父母。孝敬年長之人。（立9：1）

■ 函人須多多生子。須讓子孫遍滿全地，以防再有天災降臨。
　（立9：1）

■ 函人不可亂交。不可同牲畜、走獸交合。（立9：1）

■ 函人不可殺人。殺人須以命償命。（立9：1）

■ 函人不可偷竊。（立9：1）

5.希人教規

■ 雨神為希人族神。希人無論何時何地，皆須尊崇雨神。（立12：2）

■ 希人以頭裹藍帶為記。外為身記，內為心記，為雨神喜愛。

（立12：2）

■ 希人須勤苦勞作。雨神獎賞勤勉之人，降福自食己力之人。

（立12：1）

■ 希人須孝敬父母。上無父母，何來己身，何求子孫。（立12：2）

■ 希人不可與外族之人交合通婚。希人男子不可娶外族女子，

希人女子不可嫁外族男子，不可雜亂希人血脈。（立12：2）

■ 希人不可亂交。（立12：2）

■ 不可與牲畜禽獸亂交。（立12：2）

■ 希人不可吃水中魚蟲。水為雨神所賜，水中魚蟲為雨神聖

物，得雨神之顧。（立12：2）

6.布人教規

■ 布人要尊奉布帝誡命。從善棄惡，不可趨惡欺善，縱使惡是強大，善是弱小，欺善必遭天罰。（立14：1）

■ 布人要行正道。（立14：1）

■ 行正道子孫繁多，浩浩蕩蕩，有序有列，不致擁擠傾軋。
（立14：1）

■ 布人若行邪道，子孫愈走愈少，縱三五之人，亦會你砍我殺，地容不下。（立14：1）

■ 布人要尊天虎。（立14：1）

■ 布人要擊殺惡獸。（立14：1）

7.普羅教規

■ 普羅教尊崇仁愛。（立18：4）

■ 凡尊崇萬能天帝者皆須仁愛待人，彼此互為兄弟姐妹，不分貧賤，無分族類。（立18：4）

■ 人當有福共享，有難共當。（立18：4）

■ 普羅教尊崇孝敬。孝敬所有年長之人，無論自家外家。（立18：4）

■ 教人不可亂交。（立18：4）

■ 教人不可殺人。（立18：4）

■ 教人不可偷竊。（立18：4）

■ 不可覬覦他人財物，不可不勞而獲。（立18：4）

■ 該獲者當獲，非己者莫取。（立18：4）

8.教中有教，分中有合

■ 各族多有立教，教立萬宗。（立18：4）

■ 教中有教，分中有合。（立18：4）

■ 教分萬流，終歸一道。（立18：4）

■ 合而為正，道通天下。（立18：4）

七、人的爭戰

1.族族相爭，教派相對

- 天下族人，同為天生。（爭11）

- 分處異地，水土萬千，各不相同。（爭11）

- 天有冷熱，地有燥濕。（爭11）

- 勞有漁耕，作有狩牧。（爭11）

- 各族習性漸分，族統漸變。（爭11）

- 天下諸族各執其是，故爭拗不斷。（問7：5）

- 天下諸族，各奉族神，各稱本族之神為真神。（問7：5）

- 分族以降，族族相爭，未有停息。（爭11）

- 立教以來，教派相對，未有消滅。（爭11）

2.坐山望水，擁水望山

■ 眾人居山不食山，依水不食水，而盡坐山望水，擁水望山。

（爭11）

■ 各族皆欲獨享眷顧（問7：5）

■ 天下眾生，自大為源，心爭為根，物爭為本，捨命求多。

（爭11）

■ 人之生途，族之道統，迢遙曲折，此起彼伏。（爭11）

■ 靈道既賦人，冀人以身載道，以靈制欲。（爭11）

3.天帝何制人，自依人修為

■ 天帝既造人，自可制人。（爭11）

■ 天帝何制人，自依人修為。（爭11）

■ 人自修為，族自承續，何去何從，可續觀續望。（爭11）

■ 天帝之使無所不在，人間世事了悟盡然。（爭11）

兩界慧語

八、理世化民

1.身有高矮，心有分殊

- 身有高矮，眾人絕不均等。（承13：4）

- 心有分殊，兩人不可概言。（承13：4）

- 人心各異，性情多變，義欲交集，何可言均？（承13：4）

- 均享者無不心同，均力者無不心異。（承13：4）

- 均享者，多多益善，少少不願。（承13：4）

- 均力者，少少益善，多多不願。（承13：4）

- 凡人不聖，人皆此心。（承13：4）

2.制、人合適，綱舉目張

■ 人心未改，制、人不合，難言均享均力。（承13：4）

■ 所言均者，多為形均而實不均。（承13：4）

■ 多力者多享，少力者少享，是為實均。（承13：4）

■ 多力者多享，少力者少享，不力者不享，是為至公至平。
（承14：1）

■ 公平者方可適人性、合天道，方可久長。（承14：1）

■ 結網所以捕魚，制在綱舉目張。（承13：4）

■ 綱目有序，綱牢而目隙，其用則適水宜漁。（承13：4）

■ 制適人，人適制，制、人合適，方可致用成效。（承13：4）

■ 以實均為綱，以形均為目，以力為舉，以享為張，力舉有度，
享張有衡，可致綱舉目張，可達理家治世之功用。（承13：4）

3.民、國一體，國之可興

■ 國之泱泱，浩大紛紜。（教9：8）

■ 民之芸芸，萬千叢生。（教9：8）

■ 民、國一體，國之可興。（教9：8）

■ 民、國兩分，國之必亡。（教9：8）

■ 治國化民，必以國、民相適相合為要。（教9：8）

■ 國、民相適相合，必以治國制式、化民心性為要。（教9：8）

■ 國制、民心相適相合，則天道、人道可適可合，此乃治國化民之至要。（教9：8）

■ 天人合道，地久人長。（承14：1）

4.順勢隨流，源遠流長

■ 立心如山，行道似水，族人必將光大昌盛。（承14：3）

■ 順勢隨流，必將源遠流長。（承14：3）

■ 高水向低，謂之順勢。（承14：3）

■ 東南西北，謂之隨流。（承14：3）

■ 何人曾見低水向高，水可逆流？亙古未曾見，天道不可逆。

（承14：3）

■ 世人隨見水流東南西北，皆因水有定勢而無定向。（承14：3）

■ 依勢依力依風雨，順勢而隨，其自為然也。（承14：3）

■ 族習族規世有所承，代有所傳，當因時因地而制，因人因群
而宜。（承13：4）

■ 人合天道，地久天長。（承13：4）

（順勢隨流）

九、王道、天道與仁道

1.王與庶民，有異而大同

■ 王與庶民，有異而大同。（教7：3）

■ 異者，王為民之首。（教7：3）

■ 大同者，王與民共生。（教7：3）

■ 上君若無節，下民則無制。（教7：3）

■ 王與民立乎同地，蓋乎同天。（教7：3）

■ 無地之撐，豈不懸空隨飄？（教7：3）

■ 無天之蓋，豈不暴頂成焦？（教7：3）

2.上合天道，下合仁道，方成王道

■ 民無王道，民成流民。（教7：4）

■ 王無王道，王成流王。（教7：4）

■ 王道非人欲之道，而為人仁之道，即合仁道。（教7：4）

■ 仁者人人，即普濟眾人，而非一人，亦非少人。（教7：4）

■ 上合天道，下合仁道，普濟眾生，方成王道。（教7：4）

■ 王道乃成王之道，王之成王，上承天道，下載民意，方成天下民王。（教7：4）

■ 王道合天道，順民意，天、王、民三合有序，方可國盛民生，王道久遠。（教7：4）

3.國以民為本，民以食為根，同以道為天

■ 國以民為本，民以食為根，同以道為天。（教7：7）

■ 化民治國以敬天道為要。（教9：4）

■ 治國理世化民，道不明則心不亮，心不亮則路不暢。（教9：4）

■ 天道在天，尤在人心，在所不在。（教7：7）

■ 天道之行非一日之功，非一人之心，乃亙古萬久之行，普羅
萬眾之心。（教7：7）

4.王道之上有天道，王道所立基民心

■ 王道行之天下，引之凡民，當知天而曉民。（教7：5）

■ 知天意明天道，王道之上有天道。（教7：5）

■ 曉民意識民情，王道所立基民心。（教7：5）

5.天道開啟王道，王智開啟民智

■ 當以天道開啟王道，以王智開啟民智。（教7：5）

■ 民智升則王道暢，王不崇智，民智何升？（教7：5）

■ 王智有蒙，民智蔽塞。（教7：5）

■ 民智愚頑，王道終不持久續暢。（教7：5）

十、勞作與工事

1.日出喚人勞作，月出召人停歇

- 天帝使日月輪懸，與人作伴。（生1：1）

- 日出喚人勞作，月出召人停歇。（生1：1）

- 士耕爾織，朝起而作，日落而息，風雨如常。（教11：1）

2.智師創符，眾人仿效

■ 智師創符，眾人仿效，逐族相傳，遂約定俗成。（承1：1）

■ 天地事項，以連符而表徵，連數而推演，經年演進，及至精深。（承1：1）

■ 數數相累，增減依序，律位上階，可至無窮。（承1：1）

（智師創符）

3.天生心，心生意，意生工

■ 天生心，心生意，意生工。（工1：5）

■ 心致意致，意致工致（工1：5）

■ 欲得道近天，首須心致。（工1：5）

■ 心致而意致，意致而工致，工致而可近天。（工1：5）

■ 心致意致，無所不致，縱星辰雲霄，亦可達致。（工1：5）

■ 心意未致，縱三尺低台，亦超所限，終不可致。（工1：5）

4.工事惡脹，人為器奴

■ 百工廠內，工事惡脹，天地不勝，人為器奴。（工7）

■ 工物暴行，靈道不暢，人性不張。（工7）

■ 天地苦憂，天臉灰沉似地皮，地皮病瘠似癩痢。（工7）

十一、人性之初

1.人之初，性本合

- 人之初，性本合。（教1：2）

- 惡有善，善有惡。（教1：2）

- 善惡共，生亦克。（教1：2）

- 心向善，靈之道。（教1：2）

- 身向惡，軀使然。（教1：2）

- 身心合，順天道。（教1：2）

2.人有雙面，蓋因內有雙心

■ 面由心生，人有雙面，蓋因內有雙心。（教化2：1）

■ 一心向善，一心向惡。（教2：1）

■ 善心以善面向人，噁心以惡面向人。（教2：1）

■ 面變易心變難，因心藏深處，並不見日示人。（教2：3）

■ 人之善惡兩心故在，大小因人而異，實難測量。（教2：3）

■ 不同之人，抑或同人之心，亦因時因地而異變，並非恆定。

（教2：3）

（雙面人圖）

3.識面易，識心難

■ 善面易呈，秉性難改。（教2：5）

■ 時面由心生，由相知心。（教2：5）

■ 時飾面隱心，善惡不辨。（教2：5）

■ 識面易，識心難。（教2：5）

■ 一時識心易，恆久識心難。（教2：5）

4.人之為人，在其性變

- 人之為人，在其性變。（問4：7）

- 其性不一，陰陽雜合。（問4：7）

- 善惡相融，欲制相交。（問4：7）

- 序而無則，定而無常。（問4：7）

- 恆為世表，異為人本。（問4：7）

- 用人存疑，疑人善用。（教8：4）

十二、道魔相爭

1.魑魅魍魎，道魔相爭

■ 惡邪暢行，良正阻滯。（教7：8）

■ 天道掩沒，人心污垢。（教7：8）

■ 人之熙熙，甚如猛獸盡出。（教7：8）

■ 驕侈之風暴起，逐物縱欲日盛。（教7：3）

■ 沉溺淫樂，有心無道，唯物是求，人與禽獸何異？（教7：3）

■ 人心無道，隨欲任行，如獸放野，所去何方，未可知也。

（教7：4）

■ 十指有長短，目力有遠近，萬眾之民，怎可同識天帝？（問7：6）

■ 芸芸眾生，善惡輔成。（問6：11）

■ 魑魅魍魎，道魔相爭。（問6：11）

2.眾生芸芸，可化而易變

■ 眾生芸芸，可化而易變。（教9：4）

■ 靈道隱弱，固而不泯。（生1：3）

■ 靈道行，良人出。（生1：3）

■ 道化所成，人以載道。（命13：2）

■ 有身須有心，有心須有道，身心載道，方可道以引道。（教7：3）

■ 有道引道，人自識途，民自有序。（教7：3）

■ 萬民有序，方可有代相傳，續持久遠。（教7：3）

■ 天道無疆無垠，所以造化萬物。（教7：4）

■ 人之道天道所附，合天道人道所歸。（問6：12）

3.欲水橫流，人為魚鱉

- 人生之初，目視短淺，識硬物而不識天道，識走肉而不曉靈道。（教9：4）

- 人心無道，欲水橫流，人為魚鱉。（教9：4）

- 人之別於走肉，蓋賴於心有靈道。（教9：4）

- 世因道生而有序，民因道出而有靈。（教9：4）

- 以道為綱，日出日落，經緯有序，往復持久。（教9：4）

- 以道為靈，人之為人，族代交替，尤可持續。（教9：4）

4.道之廣大，無所不在

■ 天道失，世綱損，萬物衰，人可外乎？（教9：4）

■ 道不似硬物張目可見，不似走肉唾手可觸。惟以天目可視，
惟以誠心可悟。（教9：4）

■ 天道存於人心，心有道人有靈。（教9：4）

■ 人有靈道，世維有序。（教9：4）

■ 不計苦樂得失，廣播天道大義。（問5：5）

■ 世間繁複，有界而無涯。（教9：4）

■ 天道在上，縱橫經緯，無所不遮，無處不至。（教9：4）

■ 道之廣大，普天之下無所不在。（教9：4）

十三、誠信通約

1.人言無信，類同犬吠

■ 人言無信，類同犬吠。（教7：6）

■ 犬吠噪噪，聽之罔罔。（教7：6）

■ 人言鑿鑿，言而無信，豈不與犬吠無異？（教7：6）

■ 人言犬吠無異，豈不人犬無異？（教7：6）

■ 言為心聲，言無信蓋因心無誠。（教7：6）

■ 言由心出，行由心動。（教7：6）

■ 心若無道，則言無信誠，行無正途。（教7：6）

■ 言無信誠，行無正途，則王道必覆，天道必出。（教7：6）

2.人非個人，以約為通

- 人非個人，以約為通。（教9：5）

- 人無約識，則物易無衡尺，心交無路橋。（教9：5）

- 約為心橋，有約則通，守約則信，有信則立。（教9：5）

- 君信須臣信，臣信須民信，民信須君信。（教9：5）

- 君、臣、民信同約通，國無不立，民無不治。（教9：5）

- 君、臣、民信悖約滯，各念東西，國則危殆，民行大地，皆成獸蟲。（教9：5）

- 損人者被人損，助人者為人助。（教6：5）

- 通則守約，信誠以待。（教6：5）

3.欺者重罰，違者重賠

■ 欺者重罰，違者重賠。（盟5：5）

■ 少者缺一補十，騙者假一補百。（盟5：5）

■ 有福當共用，有難須同當。（承13：4）

■ 不可獨食糧穀，不可獨吞果蔬。（承13：4）

■ 行事不可疏隨，矯偏方可合正，合正方能續長。（承14：1）

■ 有心者盡心，有力者盡力，不可汙心偷力，不可盜食貪享。

（承13：4）

4.與道為約，死可閉目

■ 金銀無言語，眾人拜為主。（盟6：5）

■ 以金為父，以銀為母。（盟6：3）

■ 逐之無度，致人迷途，父不父，母不母，人性盡無。（盟6：5）

■ 舍金取義，心向仁義，與道為約，死可閉目。（盟6：5）

■ 心目觀道，人行正道。（教5：4）

十四、仁不離制

1.人須愛人，以仁為和

- 人須愛人，以仁為和。（教9：6）

- 修德樹仁，苦亦為樂。（命13：3）

- 以己心及人之心，以己欲及人之欲，即為仁，人可和。（教9：6）

- 惟己心而罔人心，惟己欲而罔人欲，人則妄為，縱欲逐利，失和而爭。（教9：6）

- 道不離器，仁不離制。（教9：7）

2.經國化民，以法為制

■ 經國化民，以法為制。（教9：7）

■ 首自製而他制，先官制而民制。（教9：7）

■ 法制利國，厚利庶民，薄利官宦。（教9：7）

■ 族無法不立，國無法不治，人無法不正。（問7：8）

■ 法為族國之綱，亦為萬民之主。（問7：8）

■ 世之失序，人之迷亂，皆因法義不明，法行不公，法制不謹。（問7：8）

十五、識數不迷

1.十分者為滿，滿者至反

- 一棵元樹三隻果，甘辛未知各一顆。兩甘一辛好運氣，一甘兩辛尤常可。（教11：2）

- 三果兩辛以為常，三果兩甘實為幸，三果盡甘無可能。（教11：2）

- 一根扁擔兩隻筐，三個娃兒兩邊裝。挑中挑前也挑後，輕重長短自掂量。（教11：3）

- 天下世事實皆亦然，十分者為滿，滿者至反。（教11：3）

- 凡事十之六七即為常，果物諸事如此，人之善惡吉凶亦不例外。（教11：3）

（一根扁擔兩隻筐）

2.識數不迷，世之本義

■ 世之本義，乃數數之奧。（教11：3）

■ 世本為數，物本數序，為本數度。（教11：3）

■ 識數不迷，知數不殆。（教11：3）

■ 數數之在，數序之列，為度之比，乃世義至本。（教11：3）①

■ 萬古而來，大千世界，實乃無生有一，一分二維，二合生三，三衍萬物，萬物四象，根於五行，行於六說，六說合正，成七歸一。（教11：5）②

---

① 此處是要表述世界的本質為「數」，所謂「數數之奧」，即數與數的變化的奧祕；「世本為數」，即世界的本質是「數」；「物本數序」，即物質的本質是「數的序列」（結構）；「為本數度」，即行為的本質是「數的量度」。

② 此處把數位1、2、3、4、5、6作為演生萬數（萬物）的基數。「一本」：蓋指無中生有，一為萬物之本。「二維」：蓋指「二為世界成式」，萬物皆有二維。「三生」：蓋指「三為化異」，三生萬物。參閱創三章三節。「四象」：空間範疇指東、西、南、北四方（中國古代有以青龍、白虎、朱雀、玄武四種動物意象為代表）；時間範疇指春、夏、秋、冬四季氣象；《易‧繫辭》指太陽、太陰、少陽、少陰四象：「太極生兩儀，兩儀生四象」。「五行」：蓋指金、木、水、火、土。「六說」：《兩界書》卷十二「問道」歸納了六種有代表性的學說，所謂「六說六言」。

3.萬物有對，相輔相成

■ 水清無魚，水混死魚。（教11：4）

■ 水以土界，土以火生。（教11：4）

■ 火以水界，水以金生。（教11：4）

■ 金以火界，火以木生。（教11：4）

■ 木以金界，金以土生。（教11：4）

■ 萬物有對，相輔相成。（教11：4）

■ 生中有克，克中有生。（教11：4）

■ 本化相轉，恆異互變。（教11：4）

■ 本中有化，化中有本。（教11：4）

■ 恆中有異，異中有恆。（教11：4）

十六、靈修養命

1.欲敲仙界之門，須以現命為磚

- 世有兩界，仙凡有別。（命2：5）

- 仙界一日，凡界十年。（命2：5）

- 仙界時物難存凡界，凡人凡物難入仙界。（命2：5）

- 仙凡之間，萬里之遙，天壤之隔。（命2：5）

- 欲敲仙界之門，須以現命為磚。（命2：5）

- 非有捨命之志，非經靈修之熬，實難成道入仙。（命2：5）

- 仙界之樂為靈道之樂，不見凡間煙火，難尋佳餚美色。（命2：5）

2.仙藥非藥實為道，仙道非遠在心間

- 亙古以降，人之熙熙，勞碌奔忙，無不渴求富貴長生，無不懼畏貧賤終死。（命3：3）

- 萬般心機，千般索尋，實皆枉然。（命3：3）

- 人多生自凡胎，足立俗地，故欲脫凡胎離俗地實為不易。（命3：5）

- 芸芸眾生，多無從脫俗，實難實不難。（命3：5）

- 脫俗入仙者，蓋因了卻俗塵纏牽。（命3：5）

- 身心淨潔，心燈清明。（命3：5）

- 以心尋道，以身融道，方可得道入仙。（命2：6）

- 仙藥非藥實為道，仙道非遠在心間。（命2：6）

3.心路通，心燈明，命燈長久

- 身出凡胎，心可通靈。（命3：5）

- 立俗而不俗，肉身俗而心不俗。（命3：5）

- 心誠以致，可通靈道。（命3：5）

- 靈道行，心路通。（命3：5）

- 心路通，心燈明，命燈長久。（命3：5）

4.命如懸燈，有油則亮

■ 命如懸燈，亦息亦亮；有油則亮，油竭則息。（命3：3）

■ 燈油有度，亮息有時，費心耗神，豈不枉費命燈之油？（命3：3）

■ 燈亮不在大，溫固而彌久。（命3：3）

■ 既防燥亮之虛旺，亦防驟風而摧滅。（命3：3）

■ 渴慕肉軀不腐，命性使然，世人皆同，尤以權貴為甚。（命3：4）

■ 權貴冀以靈草為命油，然遍尋山海，無處可尋。（命3：4）

■ 冀以金銀易命油，然命油非物，故無物可易，反因心機耗費，惡損命油。（命3：4）

■ 命油之源首在父母，故人須孝敬父母。（命3：4）

■ 命油之源次在靈修，蓋因命之所損，無外修身不善，邪毒入身。（命3：4）

（命如懸燈）

5.邪毒入身有四徑

■ 邪毒入身有四徑，或從口入，或從膚浸，或從心進，或由心自生。（命3：4）

■ 至烈者當為心毒，心毒無形而有跡，有跡而不視，不視故難禦。（命3：4）

■ 心毒所至變亂理脈，阻滯氣絡，命油不暢而自枯竭。（命3：4）

■ 心毒既可外侵，亦可自生，故須禦外固內。（命3：4）

■ 固內者亦為禦外，禦外者亦助固內，兩相輔成。（命3：4）

6.心燈明亮，命燈長久

- 故欲長生延年，務須保全己身。（命3：5）

- 保全己身，首以保全己心為要。（命3：5）

- 己心保全，心路暢通。（命3：5）

- 心路暢通，心燈明亮。（命3：5）

- 心燈明亮，命燈長久。（命3：5）

7.三燈齊映，靈魂不朽

- 晝有日燈，高天生輝，世界光亮，萬物有生機。（命3：6）

- 夜有月燈，大地安詳，黑暗不迷，眾生得生息。（命3：6）

- 人有心燈，靈肉相適，陰陽相宜，天地人相合。（命3：6）

- 心燈點亮，三燈齊映，與日月同光。（命3：6）

- 人心有天光，肉身長久，靈魂不朽。（命3：6）

8.道行相輔，可添命符

- 陰陽有界，天地有道。（命4：5）

- 天人合道，道遠無疆。（命4：5）

- 天人悖道，天存人亡。（命4：5）

- 天道在心，化外在身。（命4：5）

- 修身成道，行以載道。（教4：5）

- 道行相輔，可添命符。（命4：5）

- 道行相悖，肉身立腐。（命4：5）

十七、命運否泰

1.事有前因，必有後果

■ 心私至重則惡，心惡自結惡果。（命5：3）

■ 冀以惡心藉善種，惡田得善果，豈非癡妄？正可謂種瓜得瓜，種豆得豆。（命5：3）

■ 事有前因，必有後果。（命5：3）

■ 因果天定，實難變違。（命5：3）

■ 善種在心，不在外物。（命5：3）

■ 善心之種乃為真種，真種方結真果。（教5：3）

2.天道有恆，人無定運

■ 天有天道，人有人運。（命6：7）

■ 天道有恆，人無定運。（命6：7）

■ 命定有數，數不盡數。（命6：7）

■ 數度有變，運跡無痕。（命6：7）

3.命運否泰，一線之間

- 否極泰來，泰久否至。（命6：7）

- 力合天道，大泰小否。（命6：7）

- 平衡否泰，不可極盡。（教6：7）

- 泰順勿可忘形，否泰一線之間。（命6：7）

4.萬物有始，必定有終

- 萬物有始，必定有終。（命3：3）

- 終即始，始即終，始終本一。（命3：3）

- 地上之人，無論富貴貧賤，各有其命，命有其數。（命6：8）

- 地上活物，無論居於何方，共有同命，命有其數。（命6：8）

- 物有起始，必有其終，恰如日有東升，必有西落。（命6：9）

- 升為落之始，落為升之終。（命6：9）

- 凡界為俗塵所障，眼之所見，止為象觀，心之所往，止為相端。（命3：3）

十八、警世烏托邦

1.異象叢生①

■ 末日終將至，可期不可預。（命6：9）

■ 生始有啟因，滅終有其緣。其跡可尋，其徵可見。（命6：9）

■ 異象叢生，積多為徵。（命6：9）

■ 風雨來臨蟻上樹，屋宇將覆鼠先逃。（命6：9）

■ 羊無靈道，不識人語。（命13：1）

■ 人無靈道，不識天諭。（命13：1）

---

① 警世烏托邦，即反烏托邦（anti-utopia），與烏托邦塑造理想世界、美好未來相反，警世烏托邦旨在通過塑造某種恐怖、黑暗、可怕的未來圖景，來警醒人的現世行為，對人的現時作為進行勸誡。

2.天象變亂

■ 那日將至之時，天有鐵幕蔽遮，白晝不見日頭，只有烏雲漂浮。（命7：1）

■ 藍天變色灰天，空中彌散硝煙。（命7：1）

■ 怪味四處發出，地竅日夜生煙。（命7：1）

■ 日頭當空之時，突被天狗吞食。（命7：1）

■ 太陽不止一個，東西南北並出。（命7：3）

■ 日中有黑鳥，忽進忽出。（命7：2）

■ 黑鳥似啄食，日頭出缺失。（命7：2）

■ 圓日不圓，豁口爛邊。（命7：2）

■ 日頭高懸之際，大雨傾盆而降。（命7：3）

■ 雨水鮮紅似血，又似黃砂泥漿。（命7：3）

■ 流火之月，有冰雹傾砸，雹大如雞卵。（命7：3）

■ 冬日不見片雪，大雪飄在春夏。（命7：3）

（太陽不止一個）

3.晝夜失序

■ 白晝瞬變黑夜，伸手難見五指。（命7：2）

■ 白晝點燈，夜晚光亮，晝夜顛倒，交替失序。（命7：2）

■ 白晝高懸月亮，黑夜冒出太陽。（命7：2）

■ 月亮忽東忽西，太陽忽下忽上。（命7：2）

■ 太陽被縛，月亮被綁。（命7：2）

■ 或高懸靜止，或不升不落。（命7：2）

4.怪象迭出

- 有沖天水龍海底竄出，高飛萬丈。（命7：4）

- 有漫天風龍平地而出，呼嘯扶搖，攜卷人畜，屋宇搬家。
（命7：4）

- 大鳥碩大可馱人畜，立馬不見蹤影全無。（命7：4）

- 天空有爆響，似雷非雷。（命7：4）

- 雲端有怪象，似獸非獸。（命7：4）

5.地象變易

■ 隕星墜落，跌入大海，海水淹沒陸地。跌入陸地，擊穿萬丈深淵，有火岩迸出，滿地黑煙。（命8：1）

■ 地勢變換，形貌變易。（命8：1）

■ 高山易為大海，大海聳成高山。（命8：1）

■ 小島不見，大島消沉。（命8：1）

■ 地表稀鬆，有無底大洞冒出，一個連著一個，十個連成一片。（命8：1）

6.怪蟲湧出

■ 地下有巨蟒竄出，巨蟒率子孫萬千，橫行鄉里市井，侵佔民
居屋舍。（命8：2）

■ 黑鼉爬出河道，毒蠍兩旁侍衛，旁若無人，招搖過市。（命8：2）

■ 蚯蟲從地土鑽出，無處不在。除滅一個，衍生千萬，纏滿床
腿樹幹。始時細如鞋繩，三日之後大如牛尾，忽白忽紅忽綠
忽青。四處哇哇嚎叫，晝夜不見停息。（命8：2）

■ 有毒蜂由地而出，從天而降，遮天蔽日，雨打不透。（命8：2）

■ 大蜂壯如鴕鷹，小蜂細如蚊蠅，見人即螫咬。男女老幼抱頭
逃竄，只恨上天無路入地無門。被螫男女倒地不起，輕者三
日歸西，重者當場立亡。（命8：2）

7.旱澇並行

■ 連日乾旱無雨，河溝開裂。（命8：3）

■ 湖底長草，牧羊行馬。（命8：3）

■ 木舟裝車輪，河床建茅舍。（命8：3）

■ 連日雨注不止，洪水氾濫。村落被淹沒，小屋成浮舟，人畜入河泥。（命8：2）

8.果糧不常

- 梨樹八月開花，桃樹結出青棗。（命8：4）

- 李子長成角豆，味同青欖苦瓜。（命8：4）

- 夏棗長成吊瓜，石榴變成葫蘆。（命8：4）

- 玉米長出紅豆，綠豆開出棉花。（命8：4）

- 麥子味如淤土，稻穀味如石蠟。（命8：4）

- 一樹結出八果，酸甜苦辣皆有。（命8：4）

- 樹根往上，露在土外。（命8：4）

- 樹梢倒長，埋入土中。（命8：4）

- 穀果變異，翻倍暴漲。（命8：4）

- 人食變異，奔向終人。（命8：4）

9.地象怪異

■ 地火從山頂冒出，白煙從山腰下流。（命8：5）

■ 發紅泥漿四處奔湧，蔓延之處草木立焦。（命8：5）

■ 硫煙彌散大地，人畜聞到不萎即腐。（命8：5）

■ 海水不藍不綠，非紅即黃。（命8：5）

■ 河水不清不澈，非黃即黑，酸鹹腥臭，魚蟲不生。（命8：5）

■ 水往倒流，百川納海。（命8：5）

■ 海蟲飛到陸地，山鳥飛入深海。（命8：5）

■ 陸人海底築舍，又欲雲中做家。（命8：5）

10.怪物層出

- 母牛生出綿羊，綿羊生出花狗。（命9：1）

- 碩鼠大過黑貓，公鼠哺乳幼貓。（命9：1）

- 馬臉似牛，牛臉似豬。（命9：1）

- 或眼鼻朝後，或一身兩頭。（命9：1）

- 或短缺一腿，或多長一蹄。（命9：1）

- 尾巴長在腰上，斷腿長在股上。（命9：1）

- 孔雀不再長羽，光身盡見皮肉。（命9：1）

- 黑豬不長鬃毛，雙肋冒出羽翅。（命9：1）

- 日有怪物生出，似馬如牛，似牛如豬，似豬如狗，似狗如猴。（命9：1）

- 怪物層出，數不盡數，不活三日隨即消亡。（命9：1）

（馬臉似牛　牛臉似豬）

11.本能顛倒

- 公雞生蛋，母雞啼鳴。（命9：2）

- 雞不分公母，鴨不會游泳。（命9：2）

- 山羊不能登山，獵犬不再奔跑。（命9：2）

- 高馬跑不過母牛，公牛拉不動木車。（命9：2）

- 羊不再吃草，牛不再出奶。（命9：2）

- 奶牛擠出黃尿，母羊擠出狗血。（命9：2）

- 兔子跑不過烏龜，大象被螞蟻吃食。（命9：2）

- 老虎不長牙齒，犬狗見貓即逃。（命9：2）

- 老鼠中意野貓，豬狗熊牛一家。（命9：2）

- 狗不識主人，向親人狂吠，隨陌人回家。（命9：2）

- 斑馬變成河馬，河馬變成象牛。（命9：2）

- 河馬出沒沙漠，駱駝下海泛遊。（命9：2）

12.男女性變

■ 男人不喜女人，多喜男人。（命10：1）

■ 女人不喜男人，多喜女人。（命10：1）

■ 男人與男人一起，如同男人與女人一起。（命10：1）

■ 女人與女人一起，如同女人與男人一起。（命10：1）

■ 人與牲畜家禽媾合，生出非人非畜之物。（命10：1）

■ 人與自己婚配，自己作夫作妻。（命10：1）

■ 寧與屍骨交歡，不與活人交合。（命10：1）

■ 甯與死皮交歡，不與活人交合。（命10：1）

■ 女人長鬍鬚，男人大乳房。（命10：1）

■ 女人聲如洪鐘音如悶雷，男人聲如黃鶯細如雛鳥。（命10：1）

13.怪胎層出

- 那日將來之際，女人多生怪胎。（命10：1）

- 有三頭六臂，有缺頭少臂。（命10：1）

- 有男嬰貌似牛娃，有女嬰身如鯢鰻。（命10：1）

- 有眼睛長在頭後，有嘴巴豎在額前。（命10：1）

- 女人生子不用男人，男人生子不用女人。（命10：1）

- 生出幼子身如蛆蟲，生出幼女貌似果蠅。（命10：1）

- 男嬰女嬰不生，以此為好。（命10：1）

14.人自生變

■ 長人極長，短人極短。（命10：2）

■ 胖人極胖，瘦人極瘦。（命10：2）

■ 瘦者長大頭，大如木鼓泥缸。（命10：2）

■ 胖者長細腿，細如蜘蟲鴕鳥。（命10：2）

■ 滿街之人，肚大似盤輪，綿軟如蛆蟲。（命10：2）

■ 手臂不能揮斧，腿腳不能登坡。（命10：2）

■ 滿街之人，上牙脫落，愈來愈少；下牙多長，愈來愈大。（命10：2）

■ 滿街之人，大頭似懸瓜，頸項如遊絲，風吹即斷落。（命10：2）

■ 滿街之人，要麼糞門不開，尿門不合，要麼尿門不開，糞門不合。（命10：2）

■ 滿街之人，木訥似呆瓜，遲鈍如泥牛，皮厚賽黑豬，骨軟似蛆蟲。（命10：2）

（瘦者長大臉　胖者長細腿）

15.嬰兒說話行走

■ 至微小蟲肉眼不見，鑽進男人女人體內。（命10：2）

■ 滋生冷熱怪病，致人冷如冰凍，熱如火烤，反復兩次，即喪性命。（命10：2）

■ 小蟲說來就來，說去就去，隔三差五，人心惶惶。（命10：2）

■ 兩歲女嬰體如生母，三歲男童性勝生父。（命10：2）

■ 生母變女嬰，生父似男童。（命10：2）

■ 男嬰生下直立行走，女嬰生下開口說話。（命10：2）

■ 嬰兒啼鳴似唱歌，成人吟歌如哭嚎。（命10：2）

16.食無原食，居無靜所

- 眾人不食糧穀，專食古怪罕物。（命10：3）

- 甚以人肉為佳餚，更以糞便為大補。（命10：3）

- 毒液變為調汁，砒霜變為拌料。（命10：3）

- 食無原食，居無靜所。（命10：3）

17.生息悖序

■ 多人終日嗜睡，從天亮到日落，從日落到日出。（命10：4）

■ 多人終日無眠，從日落到日出，從日出到日落。（命10：4）

■ 生息悖序，晝夜顛倒（命10：4）。

■ 日出歇息，縮卷不出。（命10：4）

■ 日落勞作，黑夜不眠。（命10：4）

■ 白晝遮陽蔽日，夜晚點燈造光。（命10：4）

18.人為器奴

■ 聰智乖巧至極，人無片刻寧靜。（命10：5）

■ 下可入地萬丈，上可登天造屋。（命10：5）

■ 眾人無力固廣廈，一人彈指毀萬屋。（命10：5）

■ 人造萬能工器，工器造出活人。（命10：5）

■ 男女不隨天定，工器隨意造人。（命10：5）

■ 人為工器造主，又為工器之奴。（命10：5）

■ 死物擺布活人，活人無覺無策。（命10：5）

19.男人不再知恥，女人不再識羞

- 男人不再知恥，女人不再識羞，滿街男女赤裸奔跑。（命10：6）

- 男人似牲畜，隨地高舉陽器。（命10：6）

- 女人妖作祟，羞處張開示人。（命10：6）

- 七十歲男人吮二十歲女人奶汁，二十歲女人爭做七十歲男人後媽。（命10：3）

- 兄弟不親，父母不認。（命10：6）

- 爺孫輩分不分，血緣倫常亂淆。（命10：6）

- 夫妻同枕異夢，鄰里掘井設坑。（命10：6）

- 眾人日夜傾軋，只盼他人死光。（命10：6）

20.人無定性，心無坦誠

■ 人無定性，心無坦誠。（命10：6）

■ 一忽變人，一忽變鬼。（命10：6）

■ 口出甜言，勝似鮮蜜。（命10：6）

■ 心藏詭計，險毒似蠍。（命10：6）

■ 無話不假，流言盛行。（命10：6）

■ 真人說假話，假人說真話。（命10：6）

■ 真假不辨，善惡不分。（命10：6）

■ 習非成是，謬以為常。（命10：6）

■ 謊言可賺千金，誠仁不值一文。（命10：6）

■ 竊賊滿地，男女不分。（命10：6）

■ 賊人足不出屋，行竊千里之外。（命10：6）

21.以金為拜，心無神明

■ 心無神明，止有黴菌。（命10：7）

■ 以金為拜，勝過爹娘。（命10：7）

■ 利己之欲，毫髮可察，鼠洞可進。（命10：7）

■ 利人之事，遮目不見，舉手不勞。（命10：7）

22.心饑無食糧，魂游無居所

- 公義失蹤，黑白顛倒。（命10：7）

- 尊黑為白，尊白為黑。（命10：7）

- 口是心非，表裡不一。（命10：7）

- 崇邪尚黑，結黨營私。（命10：7）

- 心饑無食糧，魂游無居所。（命10：7）

- 邪說疊起，惡魔主心。（命10：7）

- 拜死石朽木為神，崇歪腔邪調癡迷。（命10：7）

- 心慌慌空身似皮囊，亂尋主自欺欺世人。（命10：7）

- 失心失靈不止，失氣失血不停。（命10：7）

- 如犬狂噪失言語，如貓叫春失節制。（命10：7）

23.基化因變，心塞意亂

- 男女合性，陰陽不辨。（命10：8）

- 基化因變，心塞意亂。（命10：8）

- 烈光穿地，地脈斷裂。（命10：8）

- 地氣紊亂，地心流血。（命10：8）

- 大地暴散，浮塵漫天。（命10：8）

24.日子短暫，忽如落石

- 四季顛倒，春後為冬，冬後即夏。（命11：1）

- 春日萬物凋零，冬日老樹發芽。（命11：1）

- 臘月不穿衣，酷暑披大襖。（命11：1）

- 三更出日頭，日升匆急落。（命11：1）

- 日子短暫，忽如落石。（命11：1）

- 年短似一日，百年逝如一月。（命11：1）

- 時燈急燃，光油急耗。（命11：1）

- 時光將耗盡，萬物即靜止。（命11：1）

- 見時序延展，歸於死寂默息。（命11：1）

25.遠空急聚，間離混亂

■ 遠空急聚，間離混亂。（命11：2）

■ 咫尺遠過千里，天涯近在眼前。（命11：2）

■ 時序不維，空序不再。（命11：2）

■ 高山不高，深淵不深。（命11：2）

26.萬有歸無，無蘊萬有

- 萬有歸無，無蘊萬有。（命11：2）

- 有無無間，復歸一元。（命11：2）

- 巫信智悟，終以異終。（問6：11）

- 異終為始，新紀開啟。（問6：11）

十九、喜樂世界

1.悲喜兩向，天人共為

■ 道統天下，天地二分。（命13：3）

■ 天水同源，多有流變。（命13：3）

■ 大河分流去，路途有南北，怎可一路道盡？（命13：3）

■ 悲喜兩向，或悲或喜，天自有取。（命15：3）

■ 天之所取，賴人所為，天人共為。（命15：3）

2.喜樂世界，小鳥歡歌

- 藍天白雲，小鳥歡歌，大雁飛翔。（命14：1）

- 白鴿成群結隊，鵲雀雌雄成雙。（命14：1）

- 青山綠水，牛羊吃草，駿馬喜奔。（命14：1）

- 鴨鵝水中嬉戲，貓狗岸邊追跑。（命14：1）

- 雄獅結伴羔羊，躺臥一堆。（命14：1）

- 猛獸攜牽雛羚，親同家人。（命14：1）

- 羔羊以母獅為奶，哺乳長大。（命14：1）

- 猛獸以雛羚為子，舔舐撫愛。（命14：1）

3.天下邪惡盡除，良善布滿人間

- 啞巴可說話，聾子會唱歌。（命14：2）

- 瘸子擅跳舞，瞎子能賞花。（命14：2）

- 人皆有美食，眾皆有安榻。（命14：2）

- 世人不分你我，親如姐妹兄弟。（命14：2）

- 刀槍熔煉，鑄造犁鋤，干戈盡化玉帛。（命14：1）

- 天下邪惡盡除，良善布滿人間。（命14：1）

- 仁愛無垠，天道無疆。（命14：2）

- 天上升彩虹，地下有靈塔。（命15：1）

- 虹塔相聯，天地無間。（命15：1）

- 天光現，帝壇出。（命15：2）

- 四海之中大地之央，天帝大壇巍峨聳立，輻輳外延，周至滿
  地。（命15：2）

（天光現　帝壇出）

4.天南地北，實為一家

- 萬族交合，復歸一族。（命15：2）

- 你中有我，我中有他。（命15：2）

- 天南地北，實為一家。（命15：2）

- 普天之下，萬眾同生。（分10：2）

- 普羅眾生，萬變不離其宗。（問7：7）

- 大千世界，九九歸一。（問7：5）

5.甘露均潤眾生，糧果不偏一族

- 萬語交合，復歸一語。（命15：2）

- 語簡如符，言簡似樂。（命15：2）

- 異人同語，無師共通。（命15：2）

- 天帝甘露均潤眾生，糧草果蔬不偏一族。（分10：2）

- 有者均天下，無者天下均。（教6：5）

- 一人獨樂，二人從樂，三人眾樂，萬眾共舞共樂。（命15：2）

二十、人的修為

1.依約而生，各得其所^①

■ 天帝造萬物，人為其一。（問3：2）

■ 芸芸眾生，各為其一。（問3：2）

■ 天帝所造，皆有天約。（問3：2）

■ 依約而生，各得其所，適所而在。（問3：2）

■ 天帝與人有約，孜孜眷顧於人，循循啟導於人。（問4：2）

■ 人得天眷天啟，走正道，行善舉，進天國。（問4：2）

---

① 此處往後摘錄了《兩界書》中各種不同思想學說對世界、人生的認知，可相互
　 比照閱讀，不拘於個別詞句。

2.蛛有織網，人皆不孤

- 蛛有織網，人皆不孤。（問3：3）

- 上有父母，下有子女，上須盡孝道，下須嗣後人，春去秋來，亙古未變。（問3：3）

- 人之所生，當別於畜牲。（問3：3）

- 畜牲獨覓食，人當共用之。（問3：3）

- 眾為人所依，群為人所托，仁為人所在。（問3：3）

- 己悅者及人之悅，己惡者及人之惡。（問3：3）

- 臨崖者警之扶之，臨火者惕之護之。（問3：3）

3.仁者為人，可辨善惡

■ 人害羞知恥，可辨善惡。（問3：8）

■ 人以群居，親情難舍，倫理有序。（問3：8）

■ 仁者為人。（問4：3）

■ 仁者心有他人，非止己人。（問4：3）

■ 己愛及人之愛，己惡及人之惡。（問4：3）

■ 人知倫理，能辨善惡，可識美醜。（問4：3）

■ 人有自省，可克己制欲。（問4：3）

4.人依理據，可明是非

■ 昔有解廌，可明是非，可辨曲直，故生而依理，行而依據。
（問3：4）

■ 人有靈道，尤須明是非，辨曲直，依理據。（問3：4）

■ 眾而有序，群而有倫，不致利欲所驅，不行禽獸之為。（問3：4）

■ 人循法知理，互有通則。（問4：4）

■ 國有法，族有規，上下尊卑，左右第次，延演有序，排置有
列，以致由小及大，由弱積強，由蒙至明，由蠻至文。（問4：4）

■ 人之異於禽獸，在於人循法遵理。（問4：4）

（解廌圖）

5.恆皆為表，異則為本

- 人總以己心，測度天地萬物。（問3：6）

- 人總以己心，測度諸族異人。（問3：6）

- 人總以己心，測度芸芸眾生。（問3：6）

- 人總以己心，測度生死本義。（問3：6）

- 世上無物有恆，恆皆為表，異則為本。（問3：6）

- 異以恆表，恆以異宗。（問3：6）

6.異中可為，要在人為

■ 萬事不可斷定，人生不得終解。（問3：6）

■ 以恆尺測度流水，流水有漲有落，有緩有急。（問3：6）

■ 以恆念測度人心，人心有善有惡，有明有暗。（問3：6）

■ 異中可為，順天行道，要在人為。（問4：8）

7.感天知地，依道而生

■ 人之為人，豈能成蟲鳥，豈能成豸犬，豈能成煙雲？（問3：8）

■ 人感天知地，敬畏天神，克己自省，趨致文明。（問3：8）

■ 日有升落，月有明暗，上有天穹，下有大地。人居其間，既為萬物靈長，亦為時空所制，惟天地靈道，運行無間。（問3：8）

■ 人之所生，肉身似禾苗，春發夏長秋實冬亡。（問3：8）

■ 心魂似幽靈，以身為居舍，晝夜附體，驅之不去，遊思不息。（問3：8）

■ 蓋因道之所引，方使身心合一，靈有所依。大千世界，芸芸眾生，方能沌中有清，混中有序。（問3：8）

■ 人依天道而生，皆為天命使然。（問3：9）

8.人由惡化善，故抑惡揚善

■ 人本之初，善惡固存，混而為一，如天地互應，似晝夜交替。（問4：8）

■ 無天則無地，無晝則無夜，無惡則無善，無欲則無制。（問4：8）

■ 無惡善無欲制則無人。（問4：8）

■ 人之所在，皆善惡並存，揚善棄惡，雖人心所好，然非人行所好。（問5：5）

■ 揚善棄惡，非人人共為，亦非人人共時共為。（問5：5）

■ 人之為人，在其性本善惡而由惡化善，欲制交合而抑欲從制。（問4：8）

■ 人知羞向美，故遮醜顯美。（問4：8）

■ 人知惡向善，故抑惡揚善。（問4：8）

9.君子行道，路有犬吠

- 君子行道，路有犬吠。（問5：2）

- 君子多招小人，小人多使陰招。（問5：5）

- 小人趨利，如蠅叮糞，驅之不離。（問5：5）

- 君子固義，如犬護主，饑之不棄。（問5：5）

- 君子猶似風中之松，經摧打而不折，曆雨濯而彌堅。（問5：5）

（君子行道　路有犬吠）

10.仁德之道恰如山棘之路

■ 欲為大樹，不與芥爭。（問5：5）

■ 仁德之道恰如山棘之路，多受荊棘亂石之阻，常遇溝壑陡崖之滯，甚遭豺狼野獸之擾。（問5：2）

■ 有山即有棘，有善即有惡，山棘相伴，善惡共生。（問5：2）

■ 行善得善乃人之所願，行惡得惡亦人之所願。（問5：2）

■ 然世事難料，善惡搏掙，萬事難如人願。（問5：2）

（仁德之道恰如山棘之路）

11.心正則目清，目清則視潔，視潔則生善

■ 善惡有報，常顯因果不應。（問5：6）

■ 行善道反得惡果，行惡道反享善果，時而有例，不足為奇。
（問5：2）

■ 尤當善行未得善報，人心愈須守正。（問5：3）

■ 心正則目清，目清則視潔，視潔則生善。（問5：3）

■ 心邪則目汙，目汙則視穢，視穢則生惡。（問5：3）

12.人之為人，德行兼備

■ 人之為人，德行兼備。（問5：9）

■ 配位順勢，適時合運。（問5：9）

■ 德不配位，必有災殃。（問5：9）

■ 行不順勢，必有災害。（問5：9）

■ 謀不適時，必有逆違。（問5：9）

■ 事不合運，必有乖蹇。（問5：9）

■ 德行兼備，必有大成。（問5：9）

■ 時運兼備，必成宏圖。（問5：9）

13.位勢相適，時運自備，天道必報

■ 德行位勢相配，謀事時運相適。（問5:9）

■ 依天道修德修為，依時運謀事行事。（問5:9）

■ 不為享欲所動，不為惡苦所搖。（問5:9）

■ 位勢相適，時運自備，天道必報。（問5:9）

■ 道傳天下，造福萬民。（問5:10）

14.世不離道，道不遠人

■ 大道之行，浩蕩無痕。（問5：8）

■ 天有日月交替陰晴變換，地有山川起伏萬物競生。（問5：8）

■ 世間萬物，不出天地之間。（問5：8）

■ 萬物相效，不出天道之行。（問5：8）

■ 天道人間，大道亙古不變。（問5：8）

■ 人順天道，天行人道。（問5：8）

■ 天道人道相統，天下人間無爭。（問5：9）

■ 天啟而心開，心開而道行，道行而路通。（教9：9）

■ 世不離道，道不遠人。（問5：8）

二十一、善惡相報

1.善惡相報，報有其時

■ 善惡相報，報有其時。（問5：6）

■ 春月播種，秋時收果。秋時未至，何來所獲？（問5：6）

■ 大千世界，風雨春秋，早收遲收，豐收荒收，實在變中有常，常中有變。（問5：6）

■ 朝有日出，雖有雲遮而不至日沒。（問5：6）

■ 夜有月現，雖有缺損而不至月亡。（問5：6）

■ 日月有變，天地有化，然不改亙古之恆。（問5：6）

2.世人多有不知，報分前報終報

■ 物有千態，世有萬變，厚道之人反得惡果，薄道之人反享美果，禍福相依，俗生常態，何足為怪？（問5：8）

■ 世人多有不知，報分前報終報。（問5：6）

■ 前報非終報，終報非前報。（問5：6）

■ 前報先來報果輕，終報遲來報果重。（問5：6）

■ 莫因前報而生疑，善惡必有終報時。（問5：6）

3.因果相報，天地大律不改

■ 善有善報，惡有惡報，蓋因萬物皆有因果。（問5：6）

■ 善因結善果，惡因結惡果，猶如種瓜得瓜，種豆得豆。（問5：6）

■ 善惡因種，栽於心田，耕於躬行，果於眾生。（問5：6）

■ 因果相報，善惡相應，天地大律不改。（問5：6）

4.君子行善，善則遇惡

■ 君子行善，善則遇惡。（問5：8）

■ 以惡報惡，君子不為。（問5：8）

■ 以善報惡，君子所為。（問5：8）

■ 以善報惡，或致惡消善漲，或致惡行不止，甚致惡行暴漲。
（問5：8）

■ 上善若水，善利萬物。（問5：8）

■ 大惡若水，泄而不止。（問5：8）

■ 遏惡揚善，君子所為。（問5：8）

■ 抑惡除惡，是為大善。（問5：8）

5.從善如流，嫉惡如仇

- 遏惡性，方可抑惡行，消惡果。（問5：8）

- 除惡土，方可生善樹，結善果。（問5：8）

- 惡不遏，善何揚?（問5：8）

- 嫉惡如仇，天人共遏之。（問5：8）

- 懷善如親，天人共揚之。（問5：8）

- 善惡必明辨，從善如流，嫉惡如仇。（問7：22）

二十二、今生來世

1.今生與來世

■ 人有來生，世有來世。（問6：8）

■ 今生來生，今世來世，恰如昨日今日，今日明日。（問6：9）

■ 日日更新，日日有同，日日有異。（問6：9）

■ 今生來生同然，今世來世同然，今界來界同然。（問6：12）

■ 今生來生皆為生，今世來世皆為世。（問6：10）

■ 今來之間，薄似蟬翼，厚比天地。（問6：8）

■ 時空兩維，今來兩世界，有大異而不隔絕，有界限而不斷然。（問6：12）

■ 天帝置界橋，可通兩界。（問6：8）

2.既生現世，即立現世

■ 今生來生，今世來世，今來兩界，俗人止存其一。（問6：8）

■ 既生現世，即立現世。（問6：7）

■ 行善積德，仁義禮孝，盡心意躬力行，來世自來。（問6：7）

■ 來生類如今生，喜怒哀樂俱存。（問6：8）

■ 來世亦如今世，明暗曲直俱在。（問6：8）

■ 今生自有今性情，來世自有來喜悲。（問6：10）

■ 今世自有今世牽，來世自有來世念。（問6：10）

3.人生現世，皆為來世訂約

■ 現世在現，來世何來？（問6：6）

■ 有感而無知，有悟而無識，生後有死，死後何生？（問6：6）

■ 人生於今世，預備來世，恰值今來兩時世之間。（問6：12）

■ 人立於今界，預備來界，恰值今來兩空界之間。（問6：12）

■ 今生今世所為，實為來生來世之約。（問6：8）

■ 人生現世，皆為來世訂約。（問6：8）

4.人生現世，當循現世之律

■ 今來兩界，各有界律。（問6：9）

■ 界律分二，一為界內之律，二為界際之律。（問6：9）

■ 人生現世，當循現世之律。（問6：9）

■ 今生萬象，當為現世之律所左。（問6：9）

■ 人活今生，存於今世，眼觀今象，耳聽今聲。（問6：10）

■ 來生來世，當為來世之律所右。（問6：9）

■ 今來兩生，生同而世不同，世不同而律亦不同，是為界內之律不同。（問6：9）

■ 今生來生命數之限，今世來世命理之規，實難逾界驗知。

（問6：9）

5.今生來生，生生不息

■ 人生於世，如漂浮之雲，散落之葉，無足輕重。（問6：10）

■ 人生於世，如土穴之蟻、草芥之蟲，無關天地之存，無關日月之轉，無關今來之變。（問6：10）

■ 野有蛾蟲，朝生夜亡，夜生朝亡，命長一日，故名一日蟲。人生在世，短如一日之蟲，長似百年之龜，時有長短，實者無異。（問6：9）

■ 自天帝造物化人以降，以時維為世，以空維為界，造構世界，生息萬物。（問6：12）

■ 今生來生，生生不息。（問6：12）

■ 今世來世，世世代傳。（問6：12）

6.大意無象，隱存不形

■ 兩維兩世界，以意為介，可得聯通，實生意界。（問6：12）

■ 意界超乎時空，越乎今來，既為兩界之媒，亦為天地固存，實為三維本界。（問6：12）

■ 意界存於生靈之魂，萬物之魄，意以控物，左右世界。

（問6：12）

■ 大意無象，隱存不形，實為根本。（問6：12）

■ 今來並存，時空俱進，意界固生而日日增強，新紀將臨。

（問6：12）

■ 無論今來兩世，時空兩界，抑或固生日強之意界新紀，均無外以天道運行。（問6：12）

■ 天之道浩渺無垠，超然萬世萬界，統攝萬世萬界。（問6：12）

二十三、人的困擾

1.身如過蟲，為何而生

- 眼見前人如冬草枯乾，逝而不返。（問3：1）

- 眼見自己似秋木落葉，一天衰過一天。（問3：1）

- 往事恍如昨日，來事匆如閃電。（問3：1）

- 一生勞碌，苦樂作伴。（問3：1）

- 曾經力大無比，磐石可搬。（問3：1）

- 曾經不知乏累，晝夜不眠。（問3：1）

- 一切彷如浮雲，終將煙消雲散。（問3：1）

- 身如過蟲，為何而生，生而為何？（問3：1）

2.馬驢易識，豺豹易辨，究竟何為人？

■ 芸芸眾生，何以友善慈悲者有之，豺豹兇惡者亦有之？何以靈德高尚者有之，豬犬不如者亦有之？（問4：1）

■ 馬驢易識，豺豹易辨，然究竟何為人？（問4：1）

■ 舊惑未解，新惑愈深，何以善惡不報，甚或善得惡報？（問5：1）

3.渴慕成鳥，翔飛林間

■ 吾嘗渴慕成鳥，翔飛林間，上下雀躍。（問3：7）

■ 吾嘗渴慕成魚，潛游水中，無影無蹤。（問3：7）

■ 吾嘗渴慕成豸，饑時覓食，飽後昏睡。（問3：7）

■ 吾嘗渴慕成煙，輕漫升騰，隨風飄散。（問3：7）

■ 吾嘗渴慕成雲，懸空漂浮，不苦心智。（問3：7）

■ 然百般思盼，終皆不逞！（問3：7）

4.天命似知心猶在，前路向何方？

■ 魂牽夢縈思舊土，我心歸故家。（教10：1）

■ 他鄉搏利枉圖名，身筋疲，心惶惶。（教10：1）

■ 兒時戲水有清溪，今日何處尋？（教10：1）

■ 鄰家小妹已珠黃，清月疊殘陽。（教10：1）

■ 歲月匆匆留不住，鬢髮摧槐黃。（教10：1）

■ 眼望秋水東流去，留不住，源細長。（教10：1）

■ 天命似知心猶在，前路向何方？（教10：1）

■ 惟見天際卷輕雲，鴻雁排行行。（教10：1）

二十四、人的心主

1.人心無主，何立世界

- 虔誠者敬族神，然族神不一，各有所向。（問7：2）

- 循規者敬王法，然王法有別，各有所制。（問7：2）

- 膽大者妄為，妄為者常獲利取金，故趨利者如過河之鯽。
  （問7：2）

- 膽小者龜縮，常木訥滯後不得毫釐，或為乖巧者戲弄羞辱。
  （問7：2）

- 腳下有大地，頭上有蒼天，萬千眾生，必有其主，無主則迷
  亂。（問7：2）

- 樹有根，水有源，人豈能無主？（問7：4）

- 人心無主，何立世界。（問7：12）

2.人有事主，必有心主

■ 人生在世，非活於淨空，合群而生，分類而工。（問7：12）

■ 漁耕織獵，官宦臣民，皆有所工。（問7：12）

■ 無論何工，必有事主，上至皇親國戚，下至平民百姓。
（問7：12）

■ 事主之外，人有其心，有其心必有心主。（問7：12）

■ 事主在外，群生分工而致；心主在內，人為靈長而致。
（問7：12）

3.心無居所，漫地野遊

■ 身無居所，風吹雨淋，獸畜無異。（問7：12）

■ 心無居所，漫地野遊，亦獸畜無異。（問7：12）

■ 腹饑無食糧，口不擇食，凡物皆吃。（問7：12）

■ 心饑無食糧，魂不附體，惡於猛獸。（問7：12）

■ 世界維心，心維世界。（問7：12）

4.天帝與人訂心約，使萬眾區分禽獸

■ 人無父不生，無母不養，無天帝萬物無以所在。（問7：4）

■ 舉目望去，人來熙熙，人往攘攘。忙而不亂，亂而不亡，生生息息，代傳有序。惟天帝造化萬物，以人為重，賦人靈道。（問7：4）

■ 天帝與人訂心約，使萬眾區分禽獸，別於頑石朽木。（問7：4）

■ 惟天帝創世造人，啟導萬眾，萬眾奉天意躬行治理，方使世界有章有序。（問7：4）

■ 天帝啟導之工，不分先行後進，不分有跡無痕，潛移默化，循序漸進。（問7：6）

■ 其行在有形無形之間，其功在顯潛無意之間，其利在百世千國萬民之間。（問7：6）

5.天下萬族，原本同一天父

■ 仁善為萬眾心主（問7：7）

■ 法為萬民之主。（問7：8）

■ 人有悟覺即得心主。（問7：9）

■ 己主在己，異為人主。（問7：11）

■ 天帝與人訂心約。（問7：4）

■ 天下萬族，原本同一天父。（問7：5）

■ 天帝為人主。（問7：4）

6.無仁善人之不存

■ 仁善之心，人皆有之，大小之分。（問7：7）

■ 仁善之情，人皆向之，厚薄之分。（問7：7）

■ 仁善固於人心，化於人際。（問7：7）

■ 無仁善人之不存，世之不序，故仁善為萬眾心主。（問7：7）

7.人之為人，以仁制欲

▪ 心有仁善，挫而不悔，物失而心得，利他而悅己。（問7：7）

▪ 人之為人，因其知恥害羞，以仁制欲。（問7：11）

▪ 仁以善信為實，欲以利貪為本，皆為人之固有。（問7：11）

▪ 大千世界，仁之善信各有所向，欲之利貪各有其徑，仁欲之衡實因人而異。（問7：11）

▪ 人為活物，既非頑石，亦非草木，生靈之妙與理世之難，悉在乎此。（問7：11）

8.人有悟覺，即得心主

■ 人生苦短，如三月芥草，轉眼枯逝。（問7：9）

■ 天下眾生，不過匆匆過客。（問7：10）

■ 甜苦兩果，誰人不食甜果？（問7：9）

■ 人之為人，多凡夫俗子，自以食色為天。（問7：9）

■ 有崇日月星辰，有崇山海河川，有崇虎豹禽鷹，不過人心所
為，心之所寄，實小異而大同。（問7：10）

■ 人有七情六欲，追名逐利拜金，乃本欲所使，實為過眼雲
煙。（問7：10）

■ 人圖一時之快，本欲所驅，禽獸般爭奪噬殺，一毫莫讓。
（問7：10）

■ 非你死我活，即兩敗皆傷。（問7：10）

■ 捨命求物，豈不捨本求末？舍他惟己，豈不與世為敵？
（問7：10）

■ 人生於無，終歸於無。（問7：10）

■ 世界本無，何須究有而復有，多上再多，執迷而不悟？

（問7：10）

■ 人有悟覺，即得心主。（問7：10）

二十五、天道立心　人道安身

1.人處天地之間，腳立道欲兩界

- 人在現世，立於道、欲之間。（問7：13）

- 道者，天之大道，人之靈道。（問7：13）

- 欲者，人之本欲，食色地欲。（問7：13）

- 人以道為天，以欲為地，道欲相輔，天地而成。（問7：13）

- 以靈道為天，以食色為地，天地相輔，男女而成。（問7：13）

- 人處天地之間，腳立道欲兩界。（問7：14）

（腳立兩界）

2.天道在上，地欲在下

■ 天道在上，人依道而行，有倫有序。（問7：13）

■ 地欲在下，人依地而立，雙腳不空。（問7：13）

■ 食色利欲人性之本，無本則無生。（問7：14）

■ 天道化靈人之為人，失道何以成人？（問7：14）

■ 人有雙目，心有兩鶩。（問7：13）

■ 一目識道，一目視欲，道欲遇於心，輕重翻轉，浮沉有變。

（問7：13）

3.道、欲、人三維而織，三綱而張

■ 萬千世界斑駁陸離，實乃道、欲、人三維而織，三綱而張。

（問7：14）

■ 或以道為主，或以欲為先，或道欲共主先，實為人之恆惑，古今難解，解亦未解。（問7：14）

■ 人、道、欲立於三維，三維各蘊兩界。（問7：14）

■ 人者蘊於道、欲，道者蘊於人、欲，欲者蘊於道、人。

（問7：14）

■ 人世繁複，然不過三維兩界。古今賢哲受天帝啟悟，幾多妙思，幾多偏頗。（問7：14）

■ 非以天之大道統攝，人世萬古無以解惑。（問7：14）

4.無欲則無生，無道不成人

■ 人因道、欲相輔而為普羅眾人，無欲則無生，無道不成人。
  （問7：15）

■ 以道制欲，人別於禽獸而文明。（問7：15）

■ 以道疏欲，制疏相宜，則合人律而通天道。（問7：15）

■ 欲道斷分，人不成人。（問7：15）

■ 欲道相制，合而成人。（問7：15）

■ 道因人、欲相適而行。（問7：16）

■ 道制欲成人，然制非滯也。（問7：16）

■ 故須以道疏欲，致欲適人合道。（問7：16）

■ 古今傳道之大謬，悉在以道滯欲，以致道傳不暢，道不自然，
  人之拒道。（問6：16）

5.天道無疆，人道有痕

■ 欲者，實為身饑也。（問7：17）

■ 人豈可無食而生？豈可飲風而飽？饑渴而食，性之使然。
（問7：17）

■ 食而生人，道之使然。（問7：17）

■ 欲者不可絕，無欲亦無人，無人則無道，故欲實為人、道之
所依。（問7：17）

■ 無食無色，豈為人乎？（教7：5）

■ 然好食而不貪，喜色而不溺，食色有節，適而有制，即為人
道，亦合天稟之道。（教7：5）

■ 天道無疆，人道有痕。（教9：9）

■ 世之三維，維之兩界，動變靜化，相制而合。（問7：18）

6.天道蓋頂，超然族群

■ 天下九教十八流，同中有異，異中有同，各有所執，各有所廢。（問7：18）

■ 統合融納，可補短長，可合大道，可適人律。（問7：18）

■ 天下千國萬族，國族有分，天道無別。（問7：18）

■ 國有山河之界，族有道統之別。（問7：18）

■ 天道蓋頂，無分家國，超然族群。（問7：18）

■ 順天合道，家國興隆，族群強盛。（問7：18）

■ 大道在上，族以載道。族有道統，乃大道之統，分族各顯，合族共現。（問7：18）

■ 道族不悖，天道無疆。（問7：18）

7.族魂滅，城廓乃軀殼

■ 亡家國者，毀其城廓，滅其政體。（問7：18）

■ 亡文化者，毀其道統，滅其族魂。（問7：18）

■ 族魂在，國亡可再興。（問7：18）

■ 族魂滅，城廓乃軀殼。（問7：18）

8.天道立心，人道安身

- 天道人律適合，天長地久人生。（問7：18）

- 大道在己身，群獨須躬行。（問7：20）

- 天道立心，人道安身。（問7：20）

二十六、六合花開　合正大道

1.六言慧語

■ 敬天帝。（問7：20）

■ 孝父母。（問7：20）

■ 善他人。（問7：20）

■ 守自己。（問7：20）

■ 淡得失。（問7：20）

■ 行道義。（問7：20）

（六先論道）

2.六說不悖，皆有其悟

■ 六說不悖，皆有其悟。（問7：19）

■ 六說之統，合有妙用。（問7：19）

■ 以道為統，無統不一，無一何生萬物。（問7：19）

■ 以約為信，無信不通，無通何生和合。（問7：19）

■ 以仁為善，無善不愛，無愛何生家邦。（問7：19）

■ 以法為制，無制不理，無理何生倫序。（問7：19）

■ 以空為有，無有不在，無在何生世界。（問7：19）

■ 以異為變，無變不化，無化何生久遠。（問7：19）

3.六合正一，道通天下

■ 六合正一，道通天下。（問7：19）

■ 六合而可正。（問7：19）

■ 合正而為一。（問7：19）

■ 正一而容六，一六而貫通，道歸合正。（問7：19）

■ 合正道至簡，生當悟大道。（問7：20）

（合正道符）

4.化用六說六言

■ 道統大千，道可受而不可悖。（問8：4）

■ 約信萬民，約可守而不可違。（問8：4）

■ 仁修自身，仁可固而不可懈。（問8：4）

■ 法制眾生，法可循而不可逆。（問8：4）

■ 空得世界，空可悟而不可棄。（問8：4）

■ 異變久遠，異可適而不可滯。（問8：4）

5.天道自然為人主，高天大地為父母

- 六說六言，至本者為敬天帝。（問7：21）

- 敬天帝即敬天地。（問7：21）

- 人生天地之間，舉頭三尺有神明，離地半寸無根立。（問7：21）

- 天意在上難違，地氣在下不絕。（問7：21）

- 心無敬畏，膽大妄為。（問7：21）

- 人自為主，終將自毀。（問7：21）

- 人享天帝之眷，憑天地立身，得天道指引。（問7：21）

- 天道自然為人主，高天大地為父母。（問7：21）

6.順天行道，為人正義

- 行道義即行天道盡人義。（問7：22）

- 順天行道，為人正義。（問7：22）

- 善惡必明辨，從善如流，嫉惡如仇。（問7：22）

- 生死當不迷，生之坦然，死之如歸。（問7：22）

- 悟行須合一，修在當下，皆為道場。（問7：22）

7.六說六言合正道，兩足兩界走一生

■ 化用六說六言，遍播六合心花。（問8：4）

■ 六說六言合正道，兩足兩界走一生。（問8：4）

■ 心得靈道，以身踐行，一生坦然。（問8：4）

■ 啼哭而來，笑著離去。（問8：4）

8.六合花開

■ 六合花開有七彩，輝天映地顯世界。（問8：3）

■ 六合之花，實為心花。（問8：3）

■ 心花種在心上，生在身上，開在行上，果在人間。（問8：3）

■ 六合花開滿地，天光普照山川。（問8：3）

Do思潮10　PC0741

兩界慧語

作　者／士　爾
插圖畫家／伍　仁
責任編輯／杜國維
圖文排版／楊家齊
封面設計／蔡瑋筠

發　行　人／宋政坤
出　　　版／獨立作家
地址：114 台北市內湖區瑞光路76巷65號1樓
電話：+886-2-2796-3638　傳真：+886-2-2796-1377
服務信箱：service@showwe.com.tw
印　　　製／秀威資訊科技股份有限公司
http://www.showwe.com.tw
展售門市／國家書店【松江門市】
地址：104 台北市中山區松江路209號1樓
電話：+886-2-2518-0207　傳真：+886-2-2518-0778
網路訂購／秀威網路書店：https://store.showwe.tw
國家網路書店：http://www.govbooks.com.tw
法律顧問／毛國樑　律師
總　經　銷／時報文化出版企業股份有限公司
地址：333桃園縣龜山鄉萬壽路2段351號
電話：+886-2-2306-6842

出版日期／2018年12月　BOD一版　**定價**／800元

|獨立|作家|
Independent Author

寫自己的故事，唱自己的歌

兩界慧語 / 士爾著. -- 一版. -- 臺北市：獨立
作家, 2018.12
　　面；　公分. -- (Do思潮；10)
　BOD版
　ISBN 978-986-95918-0-5(精裝)

　1. 哲學

100　　　　　　　　　　　　　107003550

國家圖書館出版品預行編目

讀者回函卡

感謝您購買本書，為提升服務品質，請填妥以下資料，將讀者回函卡直接寄回或傳真本公司，收到您的寶貴意見後，我們會收藏記錄及檢討，謝謝！如您需要了解本公司最新出版書目、購書優惠或企劃活動，歡迎您上網查詢或下載相關資料：http:// www.showwe.com.tw

您購買的書名：＿＿＿＿＿＿＿＿＿＿＿＿＿＿＿＿＿＿＿＿＿＿＿

出生日期：＿＿＿＿＿年＿＿＿＿＿月＿＿＿＿＿日

學歷：□高中 (含) 以下　　□大專　　□研究所 (含) 以上

職業：□製造業　□金融業　□資訊業　□軍警　□傳播業　□自由業
　　　□服務業　□公務員　□教職　　□學生　□家管　　□其它＿＿＿

購書地點：□網路書店　□實體書店　□書展　□郵購　□贈閱　□其他

您從何得知本書的消息？

　□網路書店　□實體書店　□網路搜尋　□電子報　□書訊　□雜誌

　□傳播媒體　□親友推薦　□網站推薦　□部落格　□其他＿＿＿＿＿＿

您對本書的評價：(請填代號　1.非常滿意　2.滿意　3.尚可　4.再改進)

　封面設計＿＿＿　版面編排＿＿＿　內容＿＿＿　文／譯筆＿＿＿　價格＿＿＿

讀完書後您覺得：

　□很有收穫　□有收穫　□收穫不多　□沒收穫

對我們的建議：＿＿＿＿＿＿＿＿＿＿＿＿＿＿＿＿＿＿＿＿＿＿＿

＿＿＿＿＿＿＿＿＿＿＿＿＿＿＿＿＿＿＿＿＿＿＿＿＿＿＿＿＿＿＿

＿＿＿＿＿＿＿＿＿＿＿＿＿＿＿＿＿＿＿＿＿＿＿＿＿＿＿＿＿＿＿

＿＿＿＿＿＿＿＿＿＿＿＿＿＿＿＿＿＿＿＿＿＿＿＿＿＿＿＿＿＿＿

請貼
郵票

11466
台北市內湖區瑞光路 76 巷 65 號 1 樓
獨立作家讀者服務部　　　收

....

（請沿線對折寄回，謝謝！）

姓　　　名：_____　年齡：_____　性別：□女　□男

郵遞區號：□□□□□

地　　　址：_____

聯絡電話：(日) _____ (夜) _____

E-mail：_____